Mon Canada
NUNAVUT

Sheila Yazdani

TABLE DES MATIÈRES

Nunavut 3

Glossaire 22

Index 24

Un livre de la collection
Les jeunes plantes de Crabtree

Crabtree Publishing
crabtreebooks.com

Soutien de l'école à la maison pour les parents, les gardiens et les enseignants.

Ce livre aide les enfants à se développer grâce à la pratique de la lecture. Voici quelques exemples de questions pour aider le lecteur ou la lectrice à développer ses capacités de compréhension. Les suggestions de réponses sont indiquées en rouge.

Avant la lecture

- Qu'est-ce que je sais sur le Nunavut?
  - *Je sais que le Nunavut est un territoire.*
  - *Je sais qu'il peut faire très froid au Nunavut.*

- Qu'est-ce que je veux apprendre sur le Nunavut?
  - *Je veux savoir quelles activités peuvent être pratiquées au Nunavut.*
  - *Je veux savoir à quoi ressemble le drapeau officiel.*

Pendant la lecture

- Qu'est-ce que j'ai appris jusqu'à présent?
  - *J'ai appris qu'Iqaluit est la capitale du Nunavut.*
  - *J'ai appris que la calotte glaciaire Penny se trouve dans le parc national Auyuittuq.*

- Je me demande pourquoi...
  - *Je me demande pourquoi la saxifrage à feuilles opposées est la fleur officielle.*
  - *Je me demande pourquoi il y a un inuksuk sur le drapeau du Nunavut.*

Après la lecture

- Qu'est-ce que j'ai appris sur le Nunavut?
  - *J'ai appris que l'on pouvait faire du traîneau à chiens à Naujaat.*
  - *J'ai appris que le chien Inuit canadien est l'animal officiel.*

- Lis le livre à nouveau et cherche les mots de vocabulaire.
  - *Je vois le mot **capitale** à la page 6 et le mot **explorateur** à la page 18. Les autres mots de vocabulaire se trouvent aux pages 22 et 23.*

NUNAVUT

Bonjour! Je m'appelle Tarkik. Bienvenue au Nunavut!

J'habite à Iqaluit. En hiver, je peux voir les aurores boréales dans le ciel.

Les signes dans ma ville sont en **inuktitut**, en anglais et en français.

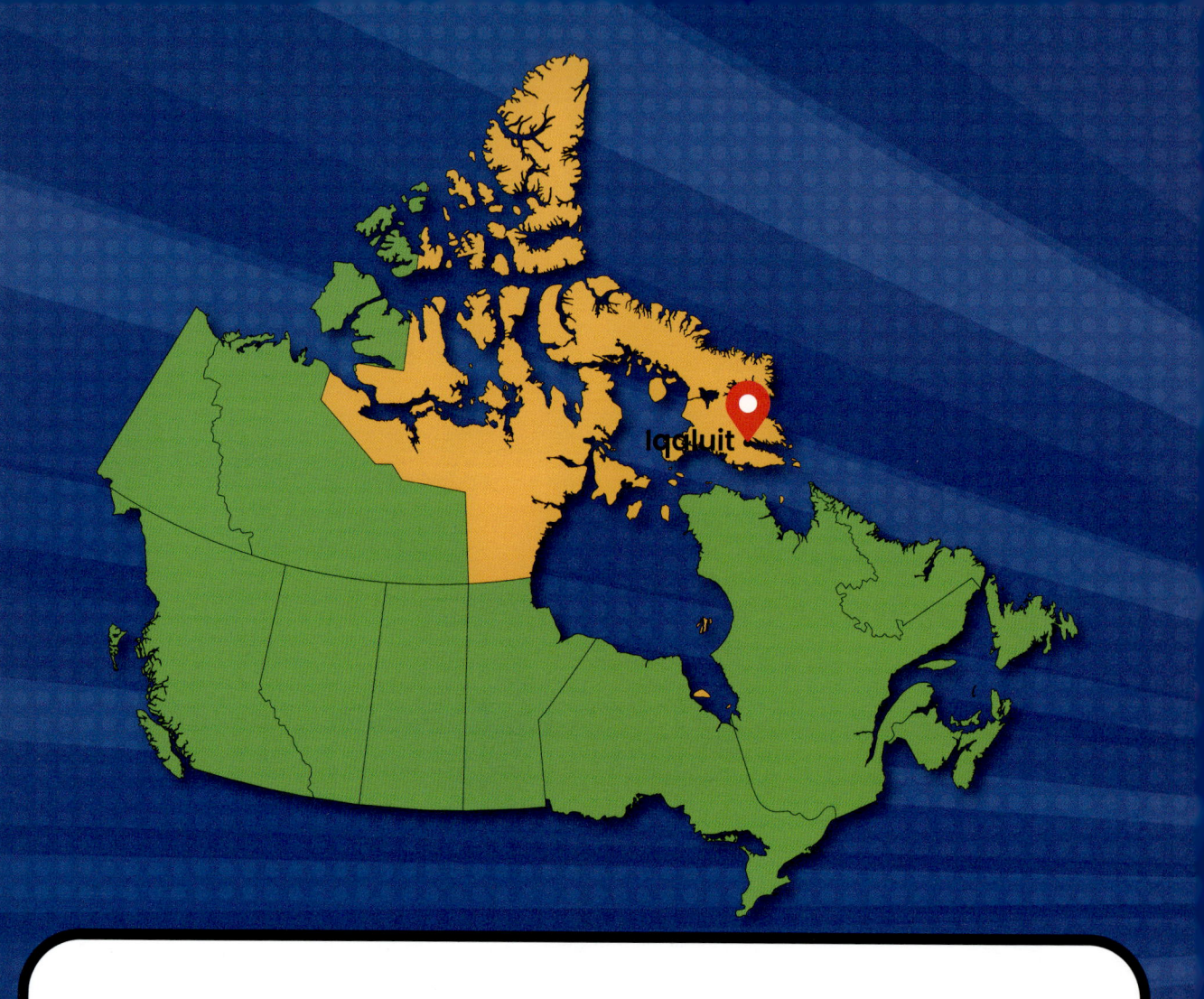

Le Nunavut est un **territoire** dans le nord du Canada. La **capitale** est Iqaluit.

Fait intéressant : Iqaluit est la plus grande ville du Nunavut mais la plus petite capitale du Canada.

L'animal officiel est le chien Inuit canadien.

La saxifrage à feuilles opposées est la fleur officielle.

Nous pêchons beaucoup d'ombles chevalier au Nunavut. On les trouve dans les lacs, les rivières et les océans.

Fait intéressant : L'omble chevalier est le poisson le plus populaire à attraper et à manger au Nunavut.

Le drapeau de mon territoire est jaune et blanc. Un **inuksuk** rouge est au milieu.

Nunavut a le plus long **littoral** du Canada.

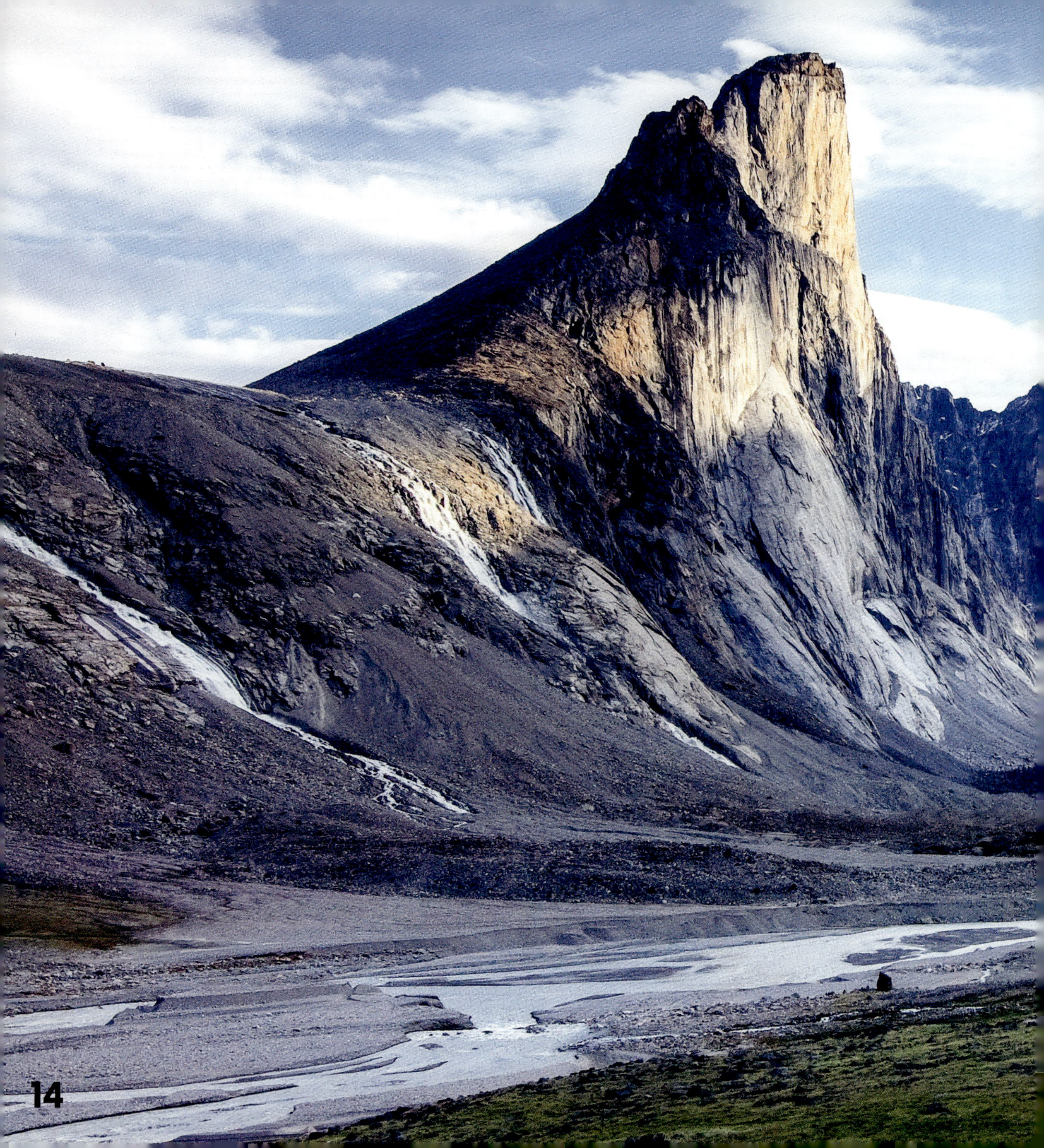

Ma famille aime faire de la randonnée dans le parc national Auyuittuq. J'aime regarder la calotte glaciaire Penny.

Fait intéressant : Auyuittuq veut dire « la terre qui ne dégèle jamais » en inuktitut.

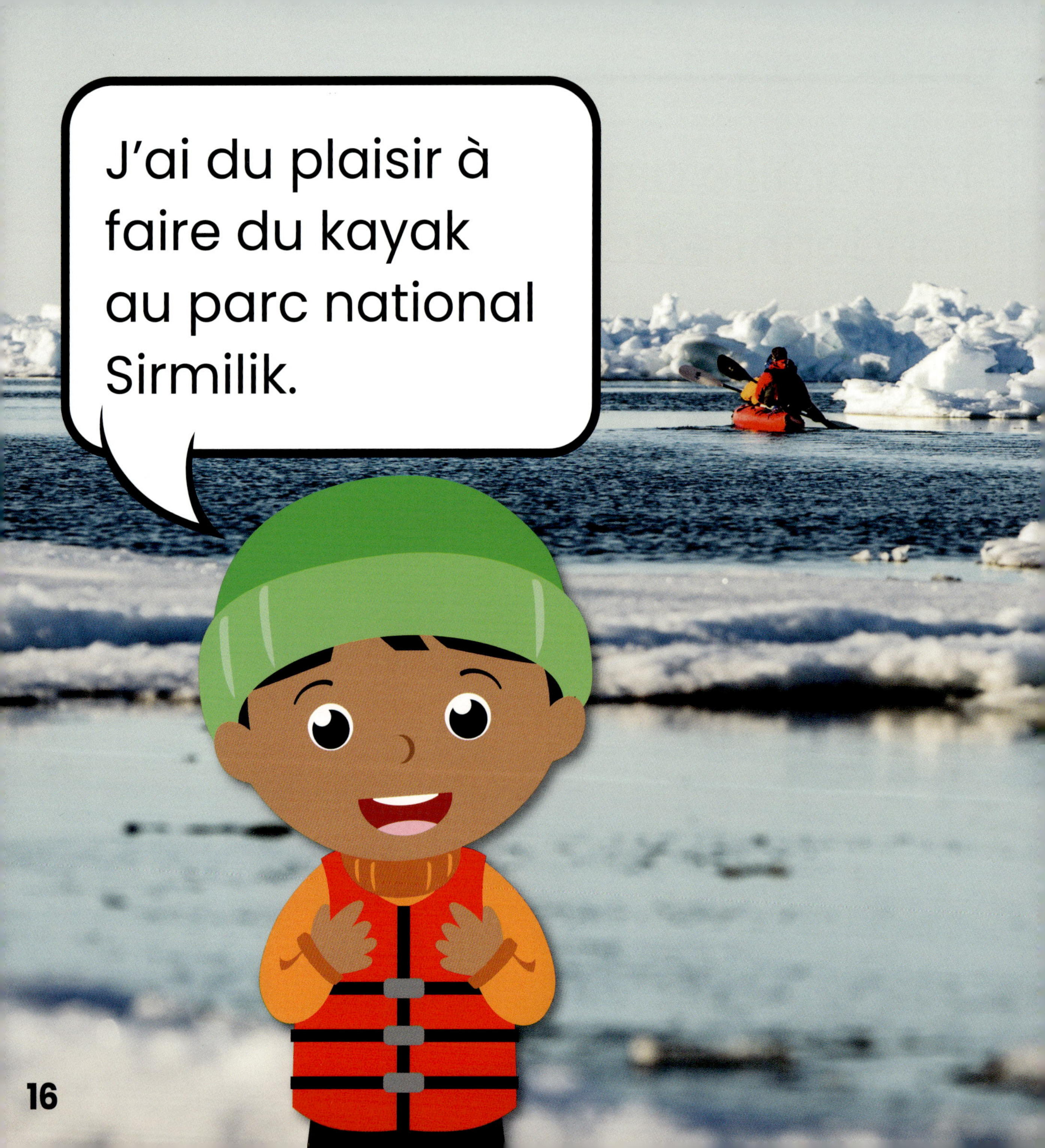
J’ai du plaisir à faire du kayak au parc national Sirmilik.

C'est passionnant de visiter le parc national Quttinirpaaq avec ma famille. Quelques fois nous voyons des lièvres arctiques.

J'aime apprendre l'histoire quand je marche sur le sentier du passage du Nord-Ouest. Je fais semblant d'être un **explorateur**.

Fait intéressant : Pendant des centaines d'années, les explorateurs ont tenté de trouver le passage reliant l'océan Atlantique à l'océan Pacifique en passant par l'océan Arctique. C'est ce que l'on a appelé le passage du Nord-Ouest.

J'aime faire du traîneau à chiens à Naujaat.

Je cherche les bélugas aux îles Belcher.

Glossaire

capitale (ka-pi-tal) : La ville où se trouve le gouvernement d'un pays, d'un état, d'une province ou d'un territoire

explorateur (éks-plo-ra-teur) : Une personne qui se rend dans un endroit où personne n'est allé auparavant afin d'en apprendre davantage à son sujet

inuksuk (ih-nook-shuk) : Monument en pierre utilisé par les Inuits pour guider les voyageurs et marquer les lieux importants

inuktitut (ih-nook-ti-toot) : Langue autochtone parlée principalement par les Inuits du centre et de l'est de l'Arctique canadien

littoral (li-to-ral): La zone où la terre rencontre l'océan

territoire (té-ri-twar) : Une zone de terre qui appartient à un gouvernement ou qui est contrôlée par lui

Index

aurores boréales 4
calotte glaciaire Penny 15
faire du kayak 16
Iqaluit 4, 6, 7
ombles chevalier 10, 11
passage du
  Nord-Ouest 18, 19

À propos de l'auteure

Sheila Yazdani vit en Ontario, près des chutes Niagara, avec son chien Daisy. Elle aime voyager à travers le Canada pour découvrir son histoire, ses habitants et ses paysages. Elle adore cuisiner les nouveaux plats qu'elle découvre. Sa gâterie favorite est la barre Nanaimo.

Autrice : Sheila Yazdani
Conception et illustration : Bobbie Houser
Développement de la série : James Earley
Correctrice : Melissa Boyce
Conseils pédagogiques : Marie Lemke M.Ed.
Traduction : Claire Savard

Photographies :
Alamy: Henry Georgi: p. 20
Shutterstock: Danita Delimont: cover; Sophia Granchinho: p. 3; Jeff Amantea: p. 4; Carson Baker: p. 5, 23; Media Guru: p. 6, 22-23; Fotos867: p. 7; Karen Appleby: p. 8; BMJ: p. 9; Dan Bach Kristensen: p. 10-11; Ringerike: p. 11; Philip Lange: p. 12, 23; MetalPrints: p. 13, 22; Ed Dods: p. 14-15; Max Forgues: p. 16; Brad Steels: p. 17; karenfoleyphotography: p. 18, 22; Marzolino: p. 19; Cedric Weber: p. 21

Crabtree Publishing

crabtreebooks.com   800-387-7650
Copyright © 2025 Crabtree Publishing

Tous droits réservés. Aucune partie de cette publication ne doit être reproduite ou transmise sous aucune forme ni par aucun moyen, électronique, mécanique, par photocopie, enregistrement ou autrement, ou archivée dans un système de recherche documentaire, sans l'autorisation écrite de Crabtree Publishing Company. Au Canada : Nous reconnaissons l'appui financier du gouvernement du Canada par l'entremise du Fonds du livre du Canada pour nos activités de publication.

Imprimé aux États-Unis/062024/CG20240201

Publié au Canada
Crabtree Publishing
616 Welland Avenue
St. Catharines, Ontario
L2M 5V6

Publié aux États-Unis
Crabtree Publishing
347 Fifth Avenue
Suite 1402-145
New York, New York, 10016

Library and Archives Canada Cataloguing in Publication
Available at Library and Archives Canada

Library of Congress Cataloging-in-Publication Data
Available at the Library of Congress

Paperback: 978-1-0398-4343-1
Ebook (pdf): 978-1-0398-4356-1
Epub: 978-1-0398-4369-1
Read-Along: 978-1-0398-4382-0
Audio: 978-1-0398-4395-0